AF665662

Meditation

Originalausgabe
Copyright © 2013 by Polarity Verlag, Kall-Urft
1. Auflage Dezember 2013
Alle Rechte vorbehalten.
Auch die auszugsweise Veröffentlichung oder Reproduktion jeglicher Art, abgesehen von Rezensionszitaten, bedürfen der Genehmigung des Verlags.

Polarity Verlag, Kall
Burg Dalbenden 0
53925 Kall
Fon: 02441/7716490
E-Mail: info@polarity-verlag.de
www.polarity-verlag.de

Rechtlicher Hinweis:
Dieser Text ist auf Selbsterfahrung und Selbsthilfe ausgerichtet. Weder der Verlag noch die Autoren übernehmen irgendeine Haftung für die Ergebnisse oder Folgen der Übungen, Behandlungen oder Anwendungen. Im Zweifelsfall, bei akuten oder chronischen Schmerzen oder bei bestehender Erkrankung, müssen Diagnose und Therapie von dazu qualifizierten Fachpersonen durchgeführt werden.

Wilfried Teschler

Meditation

Für Jetzt und alle Zeiten

Sie erfahren in diesem Meditationsbuch alles über die Prinzipien guter und erfolgversprechender Meditationen. Es sind die Kriterien sinnvoller Meditationen, die die Bezeichnung Meditation auch verdienen. Sie werden auf westliche Bedürfnisse, Mentalität und Lebensart zugeschnittene Meditationen kennenlernen. Sie erfahren, wie Sie sich mit Hilfe dieser, auf den westlichen Menschen zugeschnittenen, Meditationen von täglichen Problemen befreien, tiefere Ruhe erlangen können und Ihrem Wesen, dem „ES" näher kommen und dann vielleicht die großartige Erfahrung des ES machen.
Gönnen Sie sich mit diesen Meditationen eine umfassende Psychohygiene. Werden Sie aktiver, dynamischer, innerlich ungehemmter und psychisch stabiler.
Frauke und Wilfried Teschler haben zudem eine spezielle Notfallmeditation entwickelt. Lernen Sie, wie Sie sich nach Unfällen, Extremsituationen, Operationen oder Schocks wieder ins Lot bringen können. Mit dieser Meditation lernen Sie, mit Schicksalsschlägen, Ängsten, Unsicherheiten und Schrecken besser umzugehen und letztendlich wieder Ihrer selbst Herr zu werden.

Inhaltsverzeichnis

Einleitung

Meditation hat keine festgelegte Gestalt. Sie ist in allen Kulturen verbreitet und hat die unterschiedlichsten Formen gefunden. Von der Bewegungsmeditation, der Arbeitsmeditation, über die Atemmeditation, bis hin zur vollkommen objektlosen Meditation finden wir Vieles, was sich Meditation nennt und / oder auch ist.

Meditation hat einen Zweck, erfüllt sie diesen Zweck, dann ist sie sinnvoll, so sehen wir das, praktisch und einfach. Der Sinn und Zweck einer Meditation ist durch die Meditationstechnik und die Intention des Meditierenden bestimmt.

Die eben getroffene Aussage stimmt einerseits, doch sagt man auch, dass Meditation erst dann wirklich Meditation ist, wenn sie zweckfrei praktiziert wird. Das mögen für den in Theorie und Praxis der Meditation unbewanderten und ungeübten Laien widersprüchliche Aussagen sein. Wir sehen es so: Es stimmen beide Aussagen. Das eine ist eine zweckmäßige Meditation, das andere ist die unbedingte Meditation.

Klar ist: Jeder meditative Weg führt, wird er zu Ende gegangen, letztendlich in die unbedingte Meditation.

Jeder geht so weit, wie er kann und möchte.
Wie dem auch sei, der Sinn und Zweck jeder Meditation ist der, zu den Wurzeln, zu sich, zum Sein zurückzufinden.
Heutzutage ist dieser Zweck der Meditation oft verwässert und er scheint verloren gegangen zu sein. Meditation wird als eine Entspannungsmethode praktiziert und damit vom eigentlichen Sinn entfremdet. Doch was soll´s? Entspannung ist in unserer spannungsreichen Gesellschaft nötig und auch empfehlenswert.
In diesem Buch beschreiben wir Meditationen, die letztendlich alle zum Ziel haben, das Sein, das Ich zu erfahren. An diesem Punkt stellen wir uns in die Tradition aller ernstzunehmenden Meditationspraktiken. Der Weg zu der Wurzel, zur Erfahrung des Seins und damit zum Ziel aller Meditation, führt über die Auseinandersetzung mit unseren alltäglichen Themen und Problemen.
Denn mal ehrlich: Ist das Ziel des „bei sich seins“, des „zurück zu den eigenen Wurzeln“ des Seins nicht das ganz alltägliche Leben???
Viele östlich geprägte Meditationsformen sind an diesem Punkt für uns westlich orientierte Menschen leider missverständlich. Unser Beweggrund neue

Meditationsformen zu entwickeln und hier vorzustellen, hat seinen Ursprung in dieser Missverständlichkeit. Wir wollen dem westlichen Menschen moderne, ihm und seiner Mentalität adäquate Meditationsformen zur Verfügung stellen.

Gründe - warum meditieren?

Ein Mensch sollte meditieren, wenn er dem Geheimnis des Ich auf die Spur kommen und es lösen will. Das Geheimnis erfährt man nicht sogleich, man braucht Geduld, viel Geduld und sehr viel Geduld. Meditation ist ein Prozess, der durch (wahrscheinlich) alle Stadien des menschlichen Seins führt. Meditation ist mit Sicherheit kein Zauberverfahren, bei dem man ganz schnell das Ziel erreicht.

Es ist bei Lichte betrachtet fraglich, ob man mit der Meditation das Geheimnis wirklich lösen kann, weil, so sagen erfahrene Meditierende, es kein persönliches Ich gibt. Das mag sein oder auch nicht, die Frage kann man aber nur dann beantworten, wenn man die Antwort kennt, und diese Antwort kennt man, wenn man das Geheimnis erfahren und damit gelöst hat.

Das große Geheimnis des Ich kann man lösen wollen, muss man aber nicht lösen wollen, um das Meditieren anzufangen.

Ein Mensch sollte meditieren, wenn er Lust dazu verspürt. Es gibt wirklich tausend und mehr Gründe für Meditation. Einer reicht aus. Es kann der Grund sein, sich von bestimmten inneren, unangenehmen Gefühlen zu trennen.
Es kann der Grund sein, seine Nervenbelastung zu reduzieren.
Es kann der Grund sein, sich besser zu fühlen. Es kann der Grund sein, klarer im Kopf zu werden. Es kann der Grund sein, höhere Regionen des Menschseins zu erfahren.
Das sind nur einige der tausend Gründe, die Menschen dazu bewegen zu meditieren.
Sie haben Ihren Grund, das ist gut und der ist gut.
Falls Sie im Laufe Ihrer Meditationspraxis Ihre Motivation ändern und erweitern, soll es auch recht sein, denn: „Eine bessere Strategie als Meditation, um dem Geheimnis des Ich auf die Spur zu kommen, gibt es nicht."

Tipps, um erfolgreich zu meditieren

Sie brauchen einen ruhigen Ort, an dem Sie für die Zeit der Meditation ungestört sein können.
Der Raum sollte eine angenehme Temperatur haben.

Nehmen Sie sich Zeit für Ihre Meditation, im Allgemeinen 15 bis 30 Minuten.
Sie brauchen Ihre Konzentrationsfähigkeit. Wenn Sie emotional sehr bewegt oder körperlich stark beansprucht oder müde und hungrig sind, sollten Sie nicht meditieren. Bringen Sie sich erst wieder ins psychische und körperliche Lot.
Sie sollten Ihre täglichen Arbeiten nicht für die Meditation vernachlässigen.
Meditieren Sie regelmäßig, wenn Sie können, wenn Sie wollen, reservieren Sie sich, wenn möglich, eine feste Zeit für die Meditation.
Machen Sie aus der Meditation kein Diktat.
Gehen Sie mit Ruhe an und in die Meditation.

Speziell für den Meditationsanfänger

Vorab: Meditieren ist einfach.
Wenn man Anfänger in Meditation ist, sollte man sich darüber klar werden, mit welchem Ziel man meditieren möchte.
Denn der persönliche Wille, die persönliche, innere Ausrichtung, die persönliche Motivation bestimmt das Ziel und damit das potenzielle Ergebnis der Meditationspraxis.

Fragen Sie sich und geben Sie sich die Ihnen mögliche Antwort.
Was ist der Grund meines Meditationsbedürfnisses? Was beabsichtige ich offensichtlich und was sind meine versteckten Motive?

Gute Voraussetzungen zur Meditation hat ein Mensch, der körperlich fit, psychisch ausgeglichen und geistig aktiv ist, keine finanziellen oder persönlichen Sorgen hat und sozial integriert ist. Allerbeste Voraussetzungen zur Meditation bringt ein Mensch mit, der zusätzlich zu den letzten Bedingungen noch ein gutes Maß an allgemeiner Bildung, Wissen und Lebenserfahrung hat. Ein Mensch der krank ist, finanziell und / oder sozial zu kämpfen hat, unter Neurosen oder sogar psychiatrischen Erkrankungen leidet, sollte nicht meditieren, sondern zunächst seine vordringlichen Probleme beheben.

Nun, wir sind uns im Klaren darüber, dass wir mit den oben genannten optimalen Voraussetzungen für Meditation „den Korb sehr hoch hängen". Tatsache ist, dass gerade Menschen, die Probleme haben und diese möglichst alleine lösen möchten, sich zur Meditation hingezogen fühlen.

Viele sehen in der Meditation einen (leichten) Weg drängende Fragen und persönliche Schwierigkeiten zu lösen. Viele versprechen sich vom Meditieren das, was in Meditationsbüchern, im Internet oder bei Vorträgen versprochen wird, wenn man diese und gerade diese Meditation ausführt:
Heilung von Krankheiten, Abnahme der „Nervosität", ein besseres Gefühl für sich und die Mitmenschen, eine Speck - weg - Meditation, weniger Kriminalität, weniger (allgemein) Probleme, Erfahrungen der „höheren Welten / des Bewusstseins ".

Diese Versprechungen finden wir unseriös, alleine deswegen, weil es Versprechungen sind, die niemand garantieren oder wirklich überprüfen kann.
Man sollte solche Zusicherungen nicht machen, sie sind Verheißungen, die eintreten können, aber nicht zwangsläufig eintreten werden oder eintreten müssen.
Um Ziele zu erreichen wie Heilung von Krankheiten, Abnahme von „Nervosität", ein besseres Gefühl für sich und die Mitmenschen, weniger (finanzielle) Probleme, gibt es mit Sicherheit ökonomischere, angemessenere und damit bessere Methoden und Möglichkeiten als Meditation. Versprechungen der

Art, man könne mit Hilfe von Meditation höhere Welten oder sogar aufgestiegene Meister kennenlernen, halten wir für kranke und krankmachende Versprechungen. Es sind aus unserer Sicht Aufforderungen und Anreize, psychotisch anmutende Symptomatiken zu produzieren.

Das heißt nicht ein kranker oder belasteter Mensch dürfe oder solle nicht meditieren. Wir machen jedoch darauf aufmerksam, dass sich Krankheiten nicht durch Meditation lösen lassen müssen, und man keine Heilungsversprechungen / Verheißungen / Hoffnungen an Meditation binden sollte.
Die durch Meditation lösbaren Probleme sind solche, die man als einen Stein / Fels auf dem Weg zu sich selbst bezeichnen kann.
Meditation, dient dazu sich selbst zu erfahren, zu verstehen und ganz zu sich zu kommen.
Wenn man z. b. die Nerven beruhigen möchte, kann man meditieren, doch kann z. B. eine sportliche Betätigung oder Autogenes Training nicht nur völlig ausreichend, sondern auch das angemessene, vielleicht sogar bessere Mittel sein, um an sein Ziel zu gelangen.

Nochmals: Kranke und belastete Menschen können / sollten meditieren, genau so wie unbelastete Menschen, sich jedoch vor der Annahme hüten, sie hätten das Mittel zum Sieg über ihre Krankheit gefunden.

Ein harmloses aber bezeichnendes Beispiel ist uns in einem Seminar begegnet.
Eine Frau fragte nach, ob sie durch Meditation ihr Raucherproblem auflösen könne. Die Seminarleitung hat diese Frage verneint und ihr geraten, wenn sie mit dem Rauchen aufhören wolle, gäbe es nur einen Weg und der sei, kompromisslos und auf der Stelle mit dem Rauchen aufzuhören.
Wir gaben ihr diesen Rat, weil deutlich war, dass sie die Meditation nutzen wollte, um die Konflikte, die mit dem Beenden ihres Rauchens einhergehen würden, mit der Meditation zu umgehen. Sie wollte Meditation in dem Glauben praktizieren, es würde ihr dabei helfen, mit dem Rauchen aufzuhören, statt die Disziplin aufzubringen, Schluss mit Zigaretten zu machen und sich den damit einhergehenden Problemen zu stellen.
Diesen falschen Umgang und diese vergebliche Hoffnung finden wir oft bei Meditierenden. Man hat ein

Problem und man versucht diesem Problem mit Meditation beizukommen, ohne sich diesem Problem wirklich stellen zu wollen.
Die meisten Menschen, die diese Strategie einschlagen, praktizieren eine Ablehnung der anfassbaren Realität, und wenn man in analytischen Gesprächen tiefer in die Beweggründe dieser Ablehnung einsteigt, stellt sich meist heraus, dass sie leiden und zwar unter ihrer Körperlichkeit und daher in die Geistigkeit wollen.
So betrachtet ist das Projekt „Meditation" eine bewusste oder unbewusste Ablehnung der Realität. Das Projekt ist objektiv zum Scheitern verurteilt, weil „die Realität" sich das nicht gefallen lassen wird, sondern in Form von Anforderungen und unzweideutigen Problemen ihr Recht anmelden wird, denn die äußere Realität lässt sich kaum mit Meditation verändern, sondern nur mit Tatkraft.
Man kann mit Meditation versuchen die Realität / Körperlichkeit zu überwinden und abzutöten. Man wird sie nicht überwinden, auch wenn man dies zum (unbewussten) Ziel hat.
Der Versuch mit Hilfe der Meditation um die Themen, Anforderungen und Schwierigkeiten der anfassbaren Realität herum zu kommen, ist großer

Unsinn. Er ist bedenklich, aber im Endeffekt nicht unbedingt problematisch. Denn es ist sehr wahrscheinlich, dass die umgangenen und vermiedenen Probleme mit der Zeit immer größer werden und der Meditierende sich den Problemen so oder so stellen muss.

Zusammenfassung:
Meditation, so wunderbar dieses Mittel zur Selbstfindung auch ist, birgt durch Missbrauch auch unwägbare Gefahren in sich. Vor diesen Gefahren warnen wir, wie jeder verantwortliche und erfahrene Meditationslehrer.
Warnt er nicht davor und stellt sogar die Meditation als Wunderwaffe gegen viele Misslichkeiten des Menschseins dar, kann man nur dazu raten, dem Lehrer oder der Art der Meditation skeptisch gegenüber zu stehen oder sie zu meiden.

Meditation und höhere Welten

Durch Meditation den Einblick in „Höhere Welten" zu erreichen, ist ein beliebtes Ziel vieler Meditierender. Es lassen sich „dort" mit Sicherheit Erfahrungen machen, die man mit dem Alltagsbewusstsein nicht

zu erreichen weiß. Man dringt in weite Welten, höhere Bewusstseinsgrade, feinere Energien vor, es ist schon ein Wunder, dass man das erleben kann und darf.
Die Sensibilität und Wahrnehmungskraft wird bedeutend besser, schärfer, klarer, nur muss man sehen, dass man mit der feineren Wahrnehmung auch das Wahrgenommene innerlich verarbeiten kann. Doch - wie John C. Lily, der das Kultbuch „Im Auge des Zyklon" als einen populären Forschungsbericht über den Einsatz von Drogen in der Bewusstseinserweiterung schrieb, (sinngemäß) feststellte: „Es gibt die höheren Welten und Bewusstseinszustände nur im Kopf"

Die höheren Welten gibt es außerhalb unseres Kopfes nicht. Höhere Welten sind nichts anderes, als ein intellektuelles Konzept über das, was wirklich ist oder sein könnte. Es sind persönliche oder kollektive Erklärungsversuche für die reale Welt, nicht mehr, nicht weniger und sie lenken von dem Eigentlichen, dem tatsächlichen Ziel einer jeden Meditation ab.
Bleibt man in diesen höheren Welten verhaftet, bleibt man auf halben Weg zu sich selbst, dem Eigentlichen, stehen. Das Eigentliche wird durch die höheren Wel-

ten und die damit verbundenen Ideologien, Glaubenssätze und Dogmen überlagert und kann durch dieses Welt-, Lebens- und Seinskonzept nicht erfahren werden. Folgerichtig können / müssen diese höheren Welten in und mit der Meditation überwunden werden.
Eine Erklärung kann sein: Der Menschen produziert die höheren Welten aus der ganz normal menschlichen Angst vor dem Unsagbaren. Denn das Eigentliche ist nur die Leere / das Nichts, wie es in vielen alten und neuen Texten zur Meditationspraxis beschrieben ist.

Was man für Meditation braucht, ist ein hohes, weitreichendes, aber auch realisierbares Ziel, dessen man sich gewiss ist. Man muss es nicht erkennen können, man braucht noch nicht einmal daran zu glauben. Das Ziel braucht auch keine bestimmte oder festgelegte Gestalt zu haben. Man muss spüren und vertrauen, dass es dieses Ziel gibt.
Meditation ist ein Werkzeug und ein Weg zur Erfahrung des menschlichen Seins.
Die persönlichen Verbesserungen und Vorteile, die auf diesem Weg eintreten, sind zu begrüßende Nebenziele und Nebeneffekte. Das eigentliche Ziel ist

die Erfahrung des Nichts, das kein Nichts ist, welches der Mensch ist und sein Sein ausmacht.

Meditation und EGO

Aus der Sicht des Seins ist alles andere als es selbst EGO .

Meditation, ist der Weg des EGO durch das EGO zum Sein.

Das bedeutet, dass das Bestreben zu meditieren (das Sein zu erfahren), sowohl aus dem EGO, als auch aus dem Wunsch sich aus dem EGO zu befreien, entspringen kann. Das EGO will sich selbst erkennen und löst sich auf.

Ist ersteres der Fall bedeutet das, dass alle Ereignisse, die in und durch Meditation geschehen, nicht dem Sein, sondern dem EGO zuzurechen sind. Ist das Sein, das gleichbedeutend mit dem Hier und Jetzt ist, erreicht, findet subjektiv NICHTS statt. Man kann auch sagen: Die Moleküle sind so schnell, dass sie immer am gleichen Platz sind. Das entspricht der Wahrnehmung, vielleicht auch dem Objektiven, doch das ist für den Meditierenden unerheblich. Das EGO möchte mit Hilfe der Meditation das Sein erfahren. Das ist naturgemäß jedoch nicht möglich. Das EGO ist und hat kein Sein, sondern ist und hat nur Zustände. Es besteht aus dem Stoff des Seins, ist es selbst jedoch nicht.

Der Mensch ist und hat ein Sein, das gleich mit allem Anderen, wie Tieren, Pflanzen und Steinen ist.

Meditation ist der untaugliche Weg des EGO zu sich selbst. Doch selbst wenn jemand diesen EGO Weg unglücklicherweise einschlägt, besteht eine reelle Chance, dass er sein Sein erfährt. Denn jeder kann das EGO in der Meditation hinter sich lassen. Das ist keine einfach zu bewältigende Aufgabe. Man darf das nicht wollen, sondern muss das EGO lassen.
Das klingt widersprüchlich: Obwohl man in der Meditation idealerweise nichts tun oder lassen sollte, muss man das EGO lassen wollen.
Das ist ein - für den Verstand, für die ganz normalen, menschlichen Triebe, die Ansichten, den Willen und die Impulse - schwieriger Weg, mit vielen möglichen Fallen, Verführungen und Missverständnissen.
Leichter hat es der Mensch, der aus seinem Wesen heraus meditiert. D.h. er erwartet nichts und greift auch nicht ein. Er lässt los und lässt es auch geschehen. So wie es ist und geschieht.

Er ist in sich fest verankert, bringt größere Ruhe und Gelassenheit mit, ist psychisch stabiler und zuversichtlicher. Dieser Mensch nimmt die „Bedürfnisse" des EGO wahr, kümmert sich aber wenig darum. Er hält sein EGO im Auge, lässt sich aber nicht davon beeindrucken. Diese Grundhaltung ist der Anfang einer allgemein wünschenswerten Haltung in der Meditation.

Das ist auch noch wichtig

Neutralität in der Beobachtung und im Erleben ist gewünscht. Meditation sollte nicht dazu führen, dass man sich den auftauchenden Inhalten nicht stellt und sie ignoriert. Nehmen Sie die Inhalte wahr, erleben / realisieren Sie die Inhalte und lassen sie schließlich sein.

Dieses „Sein lassen" ist im doppelten Sinne zu verstehen:
Einerseits lässt man sie (die Dinge, Gefühle, Gedanken, Erinnerungen, ...) existieren (sein) und andererseits lässt man sich weder davon beeindrucken, noch greift man absichtlich, zielgerichtet und willentlich ein. Tut man es dennoch, weil man nicht loslassen

kann, dann nimmt man wahr, dass man aktiv, zielgerichtet und willentlich eingreift.
Nimmt man das Eingreifen wahr, ist man wieder im neutralen Bereich der Meditation. Weder lässt man sich von den Inhalten überfluten, noch geht man in die Inhalte hinein.
Man kümmert sich nicht um Kleinigkeiten, Ablenkungen oder Nebensächlichkeiten. Das ist meist dann der Fall, wenn man sich auf ein „Ding“, einen Inhalt fixiert, „die Nuss knacken will“, „beim Thema“ bleiben will oder wenn man wie hypnotisch gebannt ist. Das sind sichere Anzeichen für den Verlust der inneren Neutralität. Man hat den Weg der inneren Ruhe und Gelassenheit verlassen. Man sollte sich nicht beeindrucken lassen, und wenn es doch geschieht, sollte man versuchen das Beeindruckende, als etwas Beeindruckendes wahrzunehmen, es zu realisieren und schließlich so lange sein (existieren) zu lassen, bis es sich gelöst hat. Dann sind Sie wieder im neutralen Bereich der Meditation und können die Dinge und die Inhalte so nehmen, wie sie sind. Wenn man die Dinge, die sich in der Meditation ergeben, so nimmt wie sie sind, hat man die Möglichkeit zur Erkenntnis und damit auch den Schlüssel zur Überwindung (Transformation) des Geschehens.

Man sollte beim Meditieren nicht bestimmen, wie die Dinge / Inhalte der Meditation sein sollen oder wie sie nicht sein sollen. Denn dadurch greift man in den Prozess ein und schließt andere Möglichkeiten, die vielleicht (wahrscheinlich) eine zunächst gar nicht so offensichtliche Lösung brächten, aus.
Sich Vorstellungen oder Konzepte zu machen, wie etwas zu sein hätte oder sein könnte, ist zwar menschlich und in vielen Lebenslagen durchaus angebracht, doch während der Meditation bringt man sich damit in eine Sackgasse, weil diese Vorstellungen und / oder Konzepte, Produkte des EGO sind. Orientiert man sich an solchen Vorstellungen oder Konzepten oder werden sie gar realisiert, ist man auf einem falschen Pfad, den man oft nicht einmal als solchen erkennen kann.
Man kann und muss in der Meditation lernen, wie man gewähren lassen kann, ohne nachgiebig zu sein und wie man handeln kann, ohne willensorientiert einzugreifen.
Die grundsätzliche Haltung ist die, dass man sich sicher ist, dass alles gut und richtig ist (ohne dem Geschehen positiv gegenüber zu stehen), ohne innerlich gleichgültig zu sein oder innerlich einzuschlafen, dass man alles annimmt und akzeptiert, ohne sich be-

eindrucken oder sogar überrennen zu lassen, dass man handlungsfähig ist und bleibt, ohne einzugreifen.
Dass man Ja lebt, auch dann, wenn man Nein sagt.
Das ist ein hoher Anspruch.
Klar ist, dass sich wohl fast jeder Mensch diese Qualitäten langsam und bewusst erarbeiten muss.

Der West - Ost - Konflikt

Eine Problematik, die für den Meditationswilligen in ihrer Tragweite nicht zu unterschätzen ist, ist der Unterschied zwischen westlichen und östlichen Meditationsformen.
Die Mentalität der Menschen, für die dieses Buch geschrieben ist, ist westlich. Viele Meditationsformen, die bei uns angepriesen und praktiziert werden, haben einen östlichen Ursprung und sind nicht unserer Mentalität angepasst.
Eine typische östliche Meditation ist das Sutra: „Om mane padme hum“.
In den meisten Meditationsbüchern wird es mit den Worten: „Oh Kleinod in der Lotusblüte“ übersetzt.
Andere Übersetzungen, die mir im Lauf der Jahre begegneten, lauten:

„Lebensfunke, empfangen von der Mutter der Schöpfung“.
„Der im Schoß der Erde eingeschlossene Leichnam“.
„Der ewige Orgasmus von Shiva, dem Juwel (Penis) und Kali, dem Lotus (Vagina) in ihrem gemeinsamen kosmischen Tanz“.
„Der zwischen seinen Inkarnationen schlafende und im Lotus der Mutter gewiegte Gott“.

Alles gut und schön mögen Sie jetzt denken, doch was will der Autor uns damit sagen?
Die Laute: „Om mane padme hum“ sind aus einer für uns fremden Sprache, die in unserem Sprachbereich kaum eine Bedeutung hat. Man kann also auch: "Tra lallala, la trallalla, la lalla trallala, tam tam" (s.o.) sagen.
Übersetzt ist das Ganze schon interessanter, doch dann kommen die Übersetzungs-(fehler?) und die Schwierigkeiten der sinngemäßen Übersetzung hervor. Könnte man „Om mane padme hum“ wort- und sinngetreu übersetzen, dann würden wir feststellen, dass die Worte dennoch für uns keinen rechten Sinn ergeben, weil sie in einem anderen Kulturkreis und damit in einem anderen Lebenskontext gebraucht und verstanden werden.

Östliche Meditationsformen sind grundsätzlich von Empfangen, Lösen und Auflösen geprägt. Eine östliche Meditationsform, von einem westlichen Menschen praktiziert, ist sicherlich nicht sinnlos, doch wird sie ihn - mit und unter den hiesigen Lebensbedingungen - nicht ganz bis zum Ziel führen können. Für einen westlichen Menschen ist auf Grund seiner Mentalität nicht der Weg das Ziel, sondern der Weg führt zum Ziel. Ist das Ziel (das Sein) erreicht, dann kann auch der Weg das Ziel sein. Nicht der Weg, das Ergebnis ist für einen Menschen mit westlicher Mentalität das Wichtige.

Unsere westlichen Meditationsformen sind prinzipiell von Wollen und Streben bestimmt. Das ist für uns, in unserem Lebenskontext sinnvoll und richtig, weil wir als westliche Menschen strebende (Yang orientierte) Menschen sind. Das ist nicht besser und nicht schlechter als das Östliche, sondern einfach anders.

Unser Sinn, Lebenssinn und damit unser Leben ist weniger von dem unpersönlichen, kollektiven, gemeinschaftlichen und beharrlichen (östlichen) Yin bestimmt, als von dem individuellen, strebenden und dynamischen Yang. (Yin und Yang, Erklärung siehe z.B. Wikipedia)

Im Westen muss man sich immer wieder daran erinnern, dass der einzelne Mensch nicht ohne andere Menschen leben kann, im Osten muss sich der einzelne Mensch immer wieder daran erinnern, dass die Gemeinschaft aus lauter Individuen besteht. Auch bei dieser Thematik finden wir das Yin im Yang und das Yang im Yin wieder.
Eine, für uns westliche Yang – Menschen, sinnvolle Meditation muss bestimmte, unserer Mentalität entsprechende Kriterien aufweisen:

Sie muss auf ein Ziel gerichtet sein
Sie muss der Individualität Rechnung tragen
Sie muss den Willen des Menschen berücksichtigen
Sie muss inspirierend sein
Sie muss (im weitesten Sinne) aktiv sein
Sie muss schaffend / erschaffend sein
Sie muss sinngebend / sinnschaffend sein
Sie muss ein Ergebnis haben

Sind diese Yang - Bedingungen erfüllt, kann sich ein kulturell westlich geprägter Mensch mit Hilfe der Meditation selbst finden.
Meditation ist ein Weg, ein Mittel, eine Technik mit dem Ziel der Selbstfindung. In jeder Meditation muss

auch das Phänomen des Yin und Yang vorhanden sein. Der Weg ist geschehend, dynamisch, zielgerichtet, sinnvoll und das Ziel ist das Ergebnis, stehend, ruhend und voll.
Im Östlichen ist der Weg das Yin, das heißt „stehend, ruhend und voll“ und das Ergebnis ist das Geschehen.

Für den Hintergrund, das Verstehen, die Praxis und die Auswahl der Meditationstechnik(en) der eigenen Meditation, sind diese Informationen sehr wichtig, damit man nicht schon vorab auf Abwege gerät.
Es gibt Versuche östlicher Meditationslehrer, wie z. B. von Paramahansa Jogananda, der das bekannte Buch „Autobiografie eines Jogi“ geschrieben hat, die östliche Art der Meditation in die westliche Hemisphäre und Mentalität zu übertragen. Vor Jahren ist mir eine solche Meditation begegnet.
Sinngemäß und kurz gefasst hieß es in der Meditation: “Ich verehre den Kosmos. Der Kosmos möge mir viel Geld geben. Der Kosmos möge mir Gesundheit geben.“
Deutlich wird hier die passive Art der östlichen Meditationsweise, die durch die Worte „möge geben“ geschieht, sichtbar. Jogananda hat verstanden, dass

ein westlicher Mensch ein Ziel / Ziele braucht und als ein Ziel (Geld und Gesundheit) formuliert.
Uns ist nicht deutlich, ob er die Meditation als Meditation ernst meinte oder ob diese Meditation ein Köder für seine potentiellen (geldorientierten) Schüler war.
Es erinnert jedenfalls an den Song von Janis Joplin:
"Oh lord won't you buy me a Mercedes Benz.
My friends all drive porsches, I must make amends."
Dieser Versuch der westlichen Mentalität gerecht zu werden, mag gut gemeint gewesen sein, ist unserer Ansicht nach jedoch unzureichend und wohl eher ein Egoaufputzer, als eine Meditation.

DIE Meditation gibt es nicht

Nochmals: Über Meditation wird viel geschrieben und noch mehr erzählt. Fast alles was wir gelesen haben, suggeriert, es gäbe wirklich DIE Meditation und genau diese Meditation führe zu sich selbst. Ich muss sagen: Das wäre wohl zu einfach und zu schön, um wahr zu sein. Das ist Unsinn und manchmal die wissentliche Unwahrheit.
DIE Meditation schlechthin gibt es nicht. Es gibt die unterschiedlichsten Meditationsformen und Medita-

tionsziele. Das sollte man wissen, wenn man sich mit Meditation befasst.
Man sollte logischerweise zunächst Fragen stellen:
„Was möchte ich mit Meditation?"
„Mit welcher Meditation ist was möglich?"
„Was ist nicht mit welcher Meditation möglich?"
„Was brauche ich nicht?"
Die meisten Meditationen sind Werkzeuge und keine Allround- und Zaubermittel für bessere Nerven, Erleuchtung, Verbesserung des Sozialverhaltens, Harmonie und Gesundheit.

Es gibt einige Meditationsformen, die man so einsetzen kann, doch meiner Ansicht nach sind diese Meditationsformen mehr für klösterliches Dasein über viele, viele Jahre hinweg geeignet.
Doch wie dem auch sei, manche Menschen vertreten den Standpunkt: Gleich welche Meditation, gleich welches Ziel, Hauptsache der Mensch meditiert und jeder Grund und jedes Ziel ist auf seine Art richtig. Diese Auffassung hat sicherlich auch etwas für sich.

Sich besser kennen lernen

Hier stellen wir eine Meditation vor, die eindeutig den Yangbedingungen des westlichen Menschen Rechnung trägt.
Wir versuchen damit dem Bedürfnis vieler Interessenten und der vielen Wissensdurstigen nach Informationen über unsere Art der Technik(en) und zugleich nach dem Wissen und den Erfahrungen über sich selbst, entgegen zu kommen.
Es ist eine Technik von der wir annehmen, dass man sie eigenverantwortlich und erfolgreich praktizieren kann.
Natürlich braucht man dazu ein gewisses Maß an Sensibilität und auch Mut oder Neugierde.
Uns ich wichtig: Wer die Technik praktiziert, übernimmt dafür sämtliche Verantwortung, für das Verstehen, für die Praxis und für die Ergebnisse. Wir beschreiben die Übung nach bestem Wissen und Gewissen.
Sind die Grundbedingungen in ausreichendem Maß erfüllt? Ruhiger Raum, kein Alkohol, emotional und körperlich ausgeglichen…?

Die Meditationsanleitung

Die Vorgabe lautet:
„Visualisiere Dein gesamtes Energiefeld."
Vielleicht baut es sich Schritt für Schritt auf, vielleicht ist es farbig, zwei-, dreidimensional, vielleicht siehst Du es sehr nah oder auch klein und weit weg von Dir. Gleich wie es ist, lerne es kennen, denn es ist Dein Energiefeld, so wie Du es siehst, wie es Dir erscheint. Nimm es als ein Symbol, ein Abbild oder eine Realität, die Dich spiegelt. Gleich welche Worte Du für das Phänomen gebrauchen magst, es ist ein Spiegel Deines für Dich derzeit erkennbaren Daseins.
Schau es Dir an, lerne es kennen, fühle Dich ein.
Wie ist die Konsistenz?
Wie ist die Farbe?
Welchen Geruch hat es.
Kommt es Dir bekannt vor?
Lasse das Feld auf Dich wirken.
Kannst Du gut atmen?
Ist es überall in Dir?
Lasse das Feld Dich kennenlernen.
Lerne das Feld nun in dieser Nähe kennen.
Dann:
Werde zu diesem Energiefeld, identifiziere Dich mit diesem Feld.

Sei es ganz, „von oben bis unten".
Lasse es Dich durchfluten, umfangen, erfassen, so wie Du es für gut und richtig hältst und so, dass Du möglichst alle Informationen aufnehmen kannst.
Dann kommt der Augenblick in dem Dir klar wird, dass „nichts mehr geht", d.h. ein rundum gesunder Sättigungsgrad erreicht ist. Das ist meist deutlich spürbar durch ein Gefühl oder die Erkenntnis: „Ich hab´s." Das ist ein volles, befriedigendes, angenehmes und vielleicht sogar schönes Erleben.

Das ist eine Meditation mit deren Hilfe man in Ruhe seinen Zustand, seine Bedingungen und sein Sosein direkt erfahren kann.
Das ist Selbsterfahrung in Eigenregie und Selbstverantwortung. In der Meditation wirst Du Deinem Lebensgefühl verschlüsselt oder direkt begegnen.
Erst dann, wenn Du das Lebensgefühl erkannt und/oder akzeptiert hast, lasse Bilder, Gedanken und Gefühle (sanft und vielleicht schemenhaft) in Dein Bewusstsein kommen und sie dann immer deutlicher werden. Es ist ein Gefühl, das sich immer weiter in konkrete Bilder / Ereignisse differenziert und dann weiter in konkrete Situationen mündet. Das, was Dir begegnet, das macht Dich derzeit aus.

Das ist eine Meditation, mit der man einen qualifizierte Zugang zu sich, zu seinem jetzigen So - Sein bekommen kann und Wissen über sich selbst schafft.
Unsere Empfehlung:
Nach Bedarf wiederholen.

Die Raummeditation

Mit dieser Meditation kann man zielgerichtet zu selbst gewählten und selbst bestimmten Themen meditieren. Man kann große und kleine Lebens- und Alltagsfragen klären, seine Gesundheit unterstützen, Irrtümer beseitigen und auch problematische Erlebnisse bearbeiten. Letztendlich kann man sich von Themen und ihren Inhalten lösen und in das Sein eintreten.

Wir haben diese Meditation Raummeditation genannt, weil sie in Räumen stattfindet, die zugleich als Begrenzung der Thematik genutzt werden. Der Hintergrund ist ein Menschenbild, in dem das Leben des Menschen und alles, was ihm begegnet, in und durch Räume definiert werden kann.

Mit Hilfe der Meditation kann man:
die Räume kennenlernen,
in den Räumen Ordnung schaffen und
die Anhaftungen an das Thema des Raums lösen.

Das sind zugleich die drei Stufen der Meditation:

1. Selbsterfahrung / Selbsterkenntnis
2. (natürliche / gesunde) Ordnung
3. Lösung

In der Raummeditation gehen wir von der Tatsache aus, dass jedes Ding, jeder Zustand, jedes Thema und jede Begebenheit - einfach alles, was einen Menschen betrifft, seinen ihm eigenen Raum hat und einnimmt. Der Zustand und die Struktur des Raumes sind mit dem Zustand und der Struktur des Themas, des Dings oder der Begebenheit gleichzusetzen.
Der unschlagbare Vorteil der Raummeditation ist, dass man sich immer innerhalb des Raumes / des Themas befindet, auch dann, wenn man meint, den Faden verloren zu haben.
Geht man nun in einen Raum hinein, findet man sukzessive alles, was zu diesem Thema/Themenbereich gehört vor. In einem Raum ist alles nur deswegen existent, weil man daran gebunden ist und nicht weil es existiert. Man lernt zudem das Thema und die eigenen Anbindungen an das Thema genau von der Seite kennen, die den Zugang zum Thema ermöglicht.
Mit einer spezifisch meditativen Haltung kann man das Vorhandene in das Positive ändern, bzw. es sich verändern lassen. Durch die meditative Haltung verändert man das Thema des Raumes und sich selbst, so dass mit der Zeit keine Anbindung mehr vorhanden sein muss. Der letzte Schritt in der Meditation ist,

selbst an die Nichtanbindung nicht mehr gebunden zu sein. Dann erfährt man das, was wirklich (Wirklichkeit/Sein) ist.

Die Meditationstechnik

Sie haben drei Zugänge, um die Meditation zu beginnen. Gleich welchen Sie wählen, sie sind immer richtig.

Sie können sich intuitiv in den Raum begeben, der für Sie derzeit das angemessene Thema ist.

Sie können aber auch die Vorgabe: „Ich gehe jetzt in den Raum des Themas, das mir gefällt (gut tut, [förderlich ist])“ nutzen.

Und Sie können ebenso eine konkrete Vorgabe machen, wie „*X… Y… Z...*“

...das können alle möglichen Themen, die Sie und Ihr Leben betreffen, sein.

Hier sind einige Vorschläge, die wir Ihnen aus unserer Erfahrung heraus machen:

„Ich gehe in den Raum der / meiner Bewegung,

… meiner Bewegungsfähigkeit,

… meines / des Magens, der Leber, des Gehirns, der Nerven,

… meines Soseins
… der abgespaltene Gefühle, des Gefühlslebens,
… meiner Finanzen, meines Umgangs mit den Finanzen,
… der Arbeit, der Freizeit,
… der Liebesfähigkeit, meiner Aktivität."

Wie Sie an den von uns vorformulierten Themenstellungen der Räume sehen, sind sie neutral formuliert. Es heißt z. B. nicht: „Ich gehe in den Raum meines schlechten nervlichen Zustands oder meiner wenigen Freizeit, oder meines desolaten Gefühlslebens."

Sie sollten immer eine neutrale Vorgabe wählen.
Neutrale Vorgaben sind wichtig, damit Sie
1. das gesamte Feld, den gesamten Raum des Themas erfassen,
2. von Vornherein eine neutrale Einstimmung / Einstellung haben,
3. innerlich offen zum Thema stehen.

Wenn Sie das Thema positiv oder negativ „gefärbt" formulieren, wie beispielsweise „der Raum meiner Beinschmerzen" oder „meine beste Blutzusammensetzung", dann gelangen Sie genau in diesen Raum,

doch ist er unserer Erfahrung nach begrenzt (zu klein), um eine Lösung der gesamten Thematik zu ermöglichen. Zudem ist es bei einer solchen Vorgabe sehr wahrscheinlich, dass sich eine Intention, ein Ziel oder eine Motivation, die sich hinderlich auf den Meditationsverlauf auswirkt, einschleicht. Eine positive oder negative Themenformulierung kann eine beschränkte Intention produzieren. Ist die Intention nicht beschränkt, kann es geschehen, dass Sie dadurch etwas einseitig und nur teilweise bearbeiten.
Es ist verständlich, wenn Sie jetzt fragen: „Wie kann ich einen Zweck, ein Ziel erreichen, das ich nicht erstreben soll und dem ich auch nicht entsagen soll und zugleich soll ich dennoch dieses Ziel erreichen?"
Die Antwort mag Ihnen banal erscheinen und dennoch ist sie genau treffend: Meditieren Sie mit der Gewissheit das Ziel zu erreichen.
Oder noch einfacher: Lassen Sie sich ein, machen Sie mit und meditieren Sie einfach.
Es ist wichtig, dass Sie sich auf den Weg und das Thema einlassen. Denn wenn Sie sich nicht auf Weg und Thema einlassen, bleiben Sie immer außen vor.
"Einfach meditieren" kann Sie vor einer dummen Intention, einem festgelegten Ziel oder einer hinderlichen Motivation schützen.

Das Ergebnis der Raummeditation des gewählten Themas wird sich während der Meditation wie von selbst eröffnen. Spätestens wenn Sie nach der abgeschlossenen Meditation über das Geschehen in der Meditation nachsinnen / nachdenken, können Sie den Sinn erkennen und wahrscheinlich sogar erleben.

Das Vorgehen während der Meditation

Begeben Sie sich in den Raum des von Ihnen gewählten Themas. Im Raum schauen Sie sich zunächst um und lernen ihn kennen, nicht mehr und nicht weniger.

Agieren Sie weder aktiv, noch passiv. Seien Sie Beobachter und Erlebender und das gleichzeitig.

Wenn Ihnen etwas nicht gefällt, was Sie erleben oder sehen, geben Sie dennoch nicht dem Bedürfnis nach, irgendetwas willentlich zu verändern!

Weichen Sie auch den Themen und dem Geschehen nicht aus! Das ist ebenfalls ein unerwünschtes Agieren.

Doch: Geschieht ein Eingreifen unwillentlich, spontan, einfach so, dann ist es im Sinne der Meditation.

Wenn das Geschehen oder das Thema sich erledigt oder erledigt wird, ohne Ihr willentlich aktives oder

passives Zutun, dann ist es im Sinne der Meditation. Um die Meditationstechnik und die innere Haltung des Weder - Noch zu verdeutlichen, stellen wir Ihnen eine Beispielmeditation, in der diese Forderungen verwirklicht wurde, vor.
Der Meditierende hatte das Thema: „Bewegung" gewählt, weil er sich, so meinte er, nicht gut bewegen kann und er seine Bewegungen als „holzig" erlebte.

Ein Beispiel aus der Raummeditation

Person: Mann, 42 Jahre, klinischer Psychologe
Der Bericht des Meditierenden:

1. Meditation:
"Ich schließe die Augen und befinde mich sofort in einem Raum.
Ich fühle ihn mehr, als dass ich ihn sehen kann.
Ich stehe und schaue. Dort an der linken Seite sind Hindernisse unter schwarzen Tüchern verborgen, dort hinten in einer nicht näher definierbaren Entfernung ist eine Laufbahn, wie in einem Stadion. Es kann ebenso eine Kurzstreckenbahn, wie eine Langstreckenbahn sein, ich kann es nicht genau erkennen. Ansonsten erlebe ich in größerer Entfernung eine

große Masse Menschen, die auf Rängen im Stadion auf eine Sportveranstaltung warten. Einige erlebe ich als verschlafen, andere sind sehr aufgeregt, wiederum andere gestikulieren wie wild mit den Händen und einige der insgesamt ca. 60.000 Personen ergehen sich in gepflegter Konversation.
Ich, als Beobachter, bin sehr angespannt und habe das Gefühl mich nicht vom Fleck bewegen zu können.
Wie aus einem Reflex schaue ich auf meine Füße und stelle fest, ich habe an meinen rechten Fuß einen Turnschuh an, dessen Schnürsenkel nicht gebunden sind. Aus einem weiteren Reflex schaue ich auf meinen anderen Fuß und kann ihn nicht sehen.
Wie gebannt schaue ich auf meinen linken Fuß, der irgendwie nicht da zu sein scheint, obwohl ich ihn spüre.
Mein Blick bleibt weiter, wie gebannt (ich bin von Kopf bis Fuß gespannt) auf den nicht vorhandenen Fuß gerichtet, der doch spürbar ist, während die Menge laut zu brüllen beginnt. Sie scheint offenbar einen Läufer anzufeuern.
Ich kann nicht aufblicken, erlebe (sehe) aber dennoch den Läufer auf der Aschebahn im Stadion.
Voll Entsetzen stelle ich fest, dass ich selbst der Läufer bin. Der Läufer ist wie ein Sportler gekleidet, hat

beide Turnschuhe an, doch sein rechter Fuß scheint gebrochen zu sein. Er ist nach innen abgeknickt. Er läuft auf dem rechten Knöchel, kommt auf Grund des technischen Problems kaum voran, müht sich aber dennoch die geforderte Zeit, die er selbst nicht kennt, einzuhalten. Sein linkes Bein zieht er nach. Es sieht so aus, als ob das linke Bein gelähmt wäre. Trotz alledem kommt er wie schwerelos vorwärts. Ich selbst (Beobachter) schaue inzwischen vollen Blicks auf die Gestalt auf der Aschebahn und interessiere mich nur noch nebenher für meine Füße, mit und ohne Turnschuh.

Ich fange an, den Läufer auf der Bahn zu bewundern. Ich bin atemlos, mir stockt der Atem. Wird er es schaffen? Die Spannung steigt immer weiter.

In mir wächst das Gefühl, das sich rapide zur Gewissheit entwickelt, dass er, der Läufer auf der Bahn sein / das Ziel schon erreichen wird. Ich kann das Ziel sehen, der Läufer jedoch nicht. Er humpelt wie schwerelos weiter. In mir als Beobachter taucht die Frage auf: Wo sind die anderen Läufer? Irgendwie kommt mir die Frage wie durch einen Blitz vollkommen sinnlos vor. Es geht nicht um die anderen Läufer, es geht um mich, der auf der Aschebahn läuft / schwerelos humpelt.

In diesem Augenblick kommt eine Meute frischer und ausgeruhter Läufer in das Stadion. Sie bejubeln die Menge auf der Tribüne. Die Menge bleibt ihnen gegenüber stumm und schüttelt voll Unverständnis die Köpfe.
Der Läufer ist trotz seiner Behinderung in der Zielgeraden angelangt und nimmt die anderen Läufer mit Verärgerung wahr. Er denkt bei sich: "Diese Ar..."
In diesem Augenblick sind seine Behinderungen wir weggeflogen. Er trabt in dem Moment, in dem er die Behinderungen verliert, in das Ziel.
Die Aschebahn, der Läufer, das Publikum, alles verschwindet wie ausgeblendet.
Ich selbst (Beobachter) stehe im leeren Raum, sehe an meinen Beinen hinunter und stelle fest, dass alles irgendwie normal ist. Ich beende nicht die Meditation, sondern lasse dieses Gefühl ausklingen, bis das Gefühl und auch ich selbst verschwunden bin.
Dann erst beende ich diese Meditation."

2. Meditation:
"Tage später erinnere ich mich an die Meditation und besuche nochmals den Raum „Bewegung".

In dem Raum ist alles leer bis auf die Hindernisse, die unter den Tüchern verborgen sind. Ich gehe leichten Fußes zu den dunklen Tüchern, räume sie zur Seite und entdecke zunächst einen, dann dreißig schwarze Kästen, die aussehen wie Särge. Ohne dass ich es mir vornehme, öffne ich einen schwarzen Kasten. (Ich habe eigentlich keinen Grund nachzusehen, was darin sein könnte.)

In dem schwarzen Kasten befindet sich eine körperangepasste Gehhilfe für das rechte Bein. Obwohl ich keine Beschwerden mit meinem rechten Bein habe, lege ich sie mir an. Augenblicklich verschmilzt sie mit meinem Bein. Ich kann mich sofort mit meinem rechten Bein besser bewegen. Jetzt spüre ich: Das linke Bein ist nicht so fit wie das rechte. Ich widerstehe dem Drang, nach einer Gehhilfe für das linke Bein in den Kästen zu suchen, weil ich spüre, dass ich dies aus einer gewissen Gier heraus tun würde.

Stattdessen laufe ich von Kasten zu Kasten, öffne jeden, entnehme das darin liegende Bewegungshilfsmittel, passe es an und verschmelze damit. Bei einem Hilfsmittel, das an / in meine rechte Hüfte gehört, versuche ich die Vereinigung zu erzwingen. Es findet keine Vereinigung statt. Ich lasse es enttäuscht fallen. In dem Augenblick, wo es den Boden berührt,

springt es auf und vereinigt sich von sich aus mit meiner Hüfte.
Ich kann nicht feststellen, wie viele Kästen ich schon geöffnet habe. Ich erlebe alles wie in Bruchteilen von Sekunden. Gegen Ende des Kastenparcours bin ich wie außer Atem, bleibe stehen und stelle fest, dass ich nicht auf Grund der körperlichen Anstrengung außer Atem bin, sondern vor Freude über meine neue und wiedergewonnene Beweglichkeit. Die ich dann voller Genuss ausprobiere.
Das Ausprobieren dauert und dauert und dauert. Ich laufe, springe, jubiliere, sitze, gehe langsam oder schnell, mache Turnübungen... Langsam löse ich mich auf. Je mehr ich mich im Raum der Bewegung auflöse, desto mehr nehme ich mich als der Mensch wahr, der hier auf dem Stuhl sitzt und meditiert.
Zu guter Letzt löst sich der Raum auf."

Das Thema/der Raum „Bewegung" hat sich erledigt, weil alle Anbindungen, selbst die an den Raum, gelöst sind.

Zu der Meditation gab der Meditierende noch einen Kommentar ab, den wir hier wiedergeben möchten:
"Zunächst hatten die Bilder der Meditation für mich

keinen, wie auch immer gearteten, Bezug zu meiner realen Welt. Ich hatte nie den rechten Fuß gebrochen, bin nie in einem Stadion mit so vielen Menschen gelaufen, habe noch nie in meinem Leben schwarze Särge gesehen.

Aber nach den beiden Raummeditationen veränderte sich wie automatisch mein Bewegungsmuster. Mein Kopf war, durch die nun wohl verbesserte Selbststeuerung meines Bewegungsapparates, dauerhaft freier.

Dieses Potential, was mir vor den Meditationen nicht bekannt war, stand mir ab diesem Augenblick zur Verfügung.

Dieses Erleben war anders, als ich es aus anderen Meditationen oder Träumen kenne. Jetzt sage ich, dass mein Zustand vor den beiden Meditationen wie der in einem Traum war. Jetzt begreife ich von Kopf bis Fuß, dass das Nichts (das ist die Nichtanbindung), welches das Ergebnis der Meditation ist, meine eigentliche Realität ist.

Ich interessiere mich nicht mehr für Bewegung, weder für Bewegungsfähigkeit, noch für Bewegungsunfähigkeit. Ich habe kein Interesse, keinen emotionalen Bezug zu dem Thema mehr. Das hatte ich zwar vor der Meditation auch nicht, doch aus

einer gnadenlosen und primitiven Dumpfheit heraus. Ich stehe meinen Muskeln und meinem gesamten Bewegungsapparat nicht gleichgültig gegenüber. Ich stehe ihm gar nicht gegenüber, denn ich bin das, was meine Muskeln und mein Bewegungsapparat ist. Doch das bin ich, wenn ich genau hinsehe, genau so wenig, wie ich nun Hochleistungssportler werden will.
Ich fühle mich frei, obwohl ich mich nicht befreit fühle."

Diese paradoxe Ausdruckweise ist typisch für diejenigen, die ganz durch das von ihnen gewählte Thema in einer Raummeditation gegangen sind.
Der Meditierende hat das Ziel der Meditation erreicht. Er hat sich von seiner inneren Anbindung an die Thematik „Bewegung" gelöst. Er hat sich im tiefsten Sinne des Wortes selbst geheilt. Das bedeutet auch, dass die Schwierigkeiten mit Bewegungen für ihn ein Stein auf dem Wege zu sich selbst waren.
Hier besteht Heilung, „Heil sein" nicht nur im Gesundsein, sondern auch in der Lösung der Anbindung an die Thematik „Krankheit - Gesundheit". Denn erst hinter der Anbindung „Krankheit und / oder Gesundheit" gibt es das Heil-sein.

In der Meditation

Das oben vorgestellte Thema war in der Meditation relativ einfach zu bewältigen (zu lösen), weil der Meditierende sich neutral, d. h. weder eingreifend, noch ausweichend verhalten hat. Er hat sich ganz auf seine Spontanität und Selbstheilungskräfte verlassen.
Doch es gibt auch Meditierende, die es bedeutend schwieriger mit ihren Meditationen haben.

Ein zweites Beispiel

Person: Mann, ca. 38 Jahre, Handelsvertreter.

Er hat immer wieder Magenschmerzen, deren Herkunft ihm nicht erklärlich sind. Er möchte die Magenschmerzen los werden. Er meditierte mit Hilfe der Raummeditation, sein Thema ist „Magen".
Wir empfahlen ihm dieses Thema und nicht das Thema „Magenschmerzen", weil wir den Eindruck hatten, sein Problem ist nicht nur körperlicher Natur, sondern liegt in seiner Persönlichkeit begründet und ist wie ein Felsbrocken auf dem Weg zu sich selbst. Wir baten ihn in die Meditation zu gehen, um Erfah-

rungen zu sammeln und zu machen und nicht, um seine Magenschmerzen loszuwerden. Diese zusätzliche Vorgabe war wichtig, um der Intention / Motivation, die Magenschmerzen loszuwerden, einen Riegel vorzuschieben. Da er in Meditationspraktiken erfahren war, meinten wir, er könne allein zu Hause meditierend die Erfahrungen machen.

Die Meditation:
"Ich komme in den Raum des Magens. Die Wände dieses Raumes sind Kilometer weit weg von mir. Ich schaue mich um. Die Wände wabern und wirken zugleich wie ein Sternenhimmel ohne Sterne. Der Boden auf dem ich stehe, ist flach und rau. Er bewegt sich bedeutend weniger, als der „Sternenhimmel". Neugierig schaue ich mich weiter um.
Ich erlebe das Drumherum, die Luft in diesem Raum als bedrohlich, obwohl ich keine fassbare oder sogar sichtbare faktische Bedrohung erkennen kann.
Nichts ist da, alles ist leer, ich fühle mich unwohl. So kann ich meinen Zustand zusammenfassen.
Weiterhin geschieht nichts, einfach gar nichts. Ich kann es, das Geschehen nicht fassen. Ich bin genau so leer gefegt, wie mein Magen (Raum des Magens) ist. Ich bin innerlich tief verunsichert, weil mir in der Me-

ditation einfällt, dass ich vor einer halben Stunde noch etwas gegessen habe. Wo ist der Apfel geblieben?
Ich setze mich (im Raum des Magens) hin und fange an jämmerlich über den armen Apfel zu weinen. Wo ist der arme Apfel geblieben? Erschütterungen von Traurigkeit, Verzweifelung und herzlichem Mitgefühl durchlaufen mich. Ich kann vor Gefühlsstürmen meine Magenumgebung nicht mehr wahrnehmen. Ich löse mich in Trauer und Nichtigkeit auf.
Ich habe vergessen, worum es ging. Der Apfel ist vergessen, er ist nicht da."
Mit dieser Meditation kam der Mann zu einer Einzelsitzung und erzählte sie recht ratlos. Bei den geschilderten Schwierigkeiten schien es uns das Richtige zu sein, dass er in Begleitung meditierte.
Begleiter: „Gehe bitte in den Raum des Magens und erzähle was Du dort erlebst."
Er schilderte: „Ich bin wieder in dem Raum. Ich selbst bin nicht da, nicht sichtbar und paradoxer Weise nicht für mich erlebbar, obwohl ich mich als existent erlebe."
Begleiter: „Bitte nimm genau dies weiterhin wahr."
"Ich bin nicht da, kann aber dennoch die Magenwand (es ist kein Sternenhimmel mehr) erkennen. Ich sehe

eine rote Sonne, die dabei ist zu verglühen. Sie fällt in sich zusammen, sie wird kleiner, immer kleiner."
Begleitung: „Sieh bitte genauer hin und stelle fest, was die „Sonne" in deinem Raum des Magens zu suchen hat."
"Ich weiß genau, was sie ist, habe aber das Bedürfnis mich sehr dumm anzustellen und es nicht zu sagen. Es ist wie ein Spiel, dem ich wie bei einem unabänderlichem Trieb folgen muss."
Begleiter: „Dazu habe ich einen einfachen Tipp: Erlebe das, was du Spiel nennst."
Es dauerte eine Weile und selbst von außen betrachtet, schien ihm das „Spiel" einen diebischen Spaß zu machen.
"Ich sehe (nicht existent, wie ich bin) genau in die knallige, tiefrote, recht aggressive Sonne. Ich kann das, weil ich nicht existent bin."
Auf die Frage des Begleiters, ob die Sonnenstrahlen aggressiv seien, antwortete er: „Nein, es sind nicht die Strahlen, die aggressiv sind, sondern die Sonne selbst. Und wenn ich dies sage, verkleinern sich die Strahlen nicht, sondern sie schauen wie ein kleiner, bösartiger und bissiger Köter auf das nebenan liegende Gewebe."
Begleiter: „Das ist ja aber wirklich nicht das Verhalten

einer Sonne. Was ist die Sonne im Raum denn nun wirklich?“
Daraufhin antwortet der Mann, er könne es nicht sagen, was die Sonne sei, weil ein radikales Verbot dies zu sagen in seinem gesamten Nervensystem angelegt wäre. Er selbst wüsste aber, was sie wirklich wäre.
Begleiter: „Zwinge dich nicht (willentlich zu intervenieren), um die wahre Identität der Sonne heraus zu finden.“
“Das ist sehr schwierig für mich, weil ich sehr zornig über dieses Verbot bin.“
Begleitung: „Dann erlebe auch deinen Zorn.“
[Hier scheint es, als ob er nicht mehr in dem Raum „Magen“ war, sondern im Jetzt. Doch diese Entwicklung war offensichtlich notwendig, weil das Thema „Magen“ seine gesamte Persönlichkeit beeinflusste.]
Einige Momente später sagte er, er komme einfach nicht weiter. Der Prozess stocke. Obwohl das Thema / der Raum noch nicht „erledigt“ wäre, ginge es nicht weiter.
Der Begleiter bat ihn, die Meditation zu beenden.
Nach einer Pause forderte der Begleiter ihn auf, in den Raum zu gehen, der über den Raum „Magen“ nicht zu erreichen wäre, aber dennoch, vielleicht

sogar ursächlich, zum Themenbereich gehören würde. Er ließ sich auf diese Vorgabe ein.
Er kam in einen Raum, den er sofort mit dem Titel: „Lebensgewohnheiten“ beschrieb.
Er sah sich, wie er am Steuer seines Wagens sitzt und auf die Schnelle ein Brot isst. Ihm als Betrachter wurde bei dem Anblick so übel und eklig, wie er sich ausdrückte, dass er auf Grund des direkten Ekelerlebens die Meditation unterbrechen musste.
Nach einer Erholungspause versetzte er sich wieder in diesen Raum. Die Übelkeit war nicht mehr so „ätzend“. Er konnte sie ertragen. Ihm war sofort klar, dass er die Ursache für seine brennende Sonne gefunden hatte. Es war sein stressiges Essverhalten, der Stress im Straßenverkehr und der damit verbundene Zeitdruck.
Er nahm wahr, dass er sich dieser Situation gegenüber sehr hilflos fühlte.
Der Begleiter bat ihn das Gefühl der Hilflosigkeit nicht abzustellen oder darüber hinweg zu gehen, sondern weiter seinen beruflich bedingten Stress und seine Hilflosigkeit ihm gegenüber zu erleben. Mit der Zeit und mit zunehmender Akzeptanz ließ die Hilflosigkeit ein wenig nach.

Der Begleiter bat ihn aus der Meditation heraus zu kommen. Der Begleiter gab ihm die Hausaufgabe immer wieder in den Raum „Magen“ zu gehen.
Im nächsten Treffen berichtete der Mann, dass die „Sonne“ sich als böse Magenreizung herausgestellt habe und sie mit zunehmender Meditationspraxis immer kleiner werde und er die innere Gewissheit habe, dass sie ganz verschwinden würde.
Auf die Frage des Begleiters, ob er sich andere Essgewohnheiten zugelegt habe, musste er zunächst überlegen. Ihm war bisher keine Veränderung aufgefallen. Nach einigem Nachdenken meinte er, dass er zwar das Gleiche, in der gleichen Situation esse, doch dabei nicht mehr gehetzt wäre.
Sein Erleben und nicht das schnelle Essen wäre wohl die wirkliche Ursache für seinen Stress gewesen.
Nach drei weiteren Wochen hatte sich sein Magenthema wie in Luft aufgelöst. Er konnte nicht mehr in den Raum des Magens gehen, weil es ihn nicht mehr gab.

An diesem Beispiel wird deutlich, dass man bei geschichteten Problemen mehrere Räume besuchen muss, um das Problem „in Luft“ aufzulösen. An dem Meditationsverlauf verdeutlicht sich auch, dass die körperlichen / psychischen / geistigen Reaktionen so intensiv sein können, dass man in der Meditation Pause machen sollte, um das intensive Erleben zu verarbeiten und ausklingen zu lassen. Weiterhin wird deutlich, dass sich der Prozess der wirklichen und tiefen Erfahrung und Veränderung durchaus über mehrere Wochen erstrecken kann. Der Handelsvertreter ist unseres Wissens nach nur einmal in den Raum seiner Lebensgewohnheiten gegangen. Das scheint aber schon ausgereicht zu haben, um eine Erlebens- oder Verhaltensänderung zu erreichen.

Ausschlaggebend für den Erfolg in der Meditation war, dass der Meditierende trotz seiner Schwierigkeiten am Ball geblieben ist und weder eingegriffen hat, noch ausgewichen ist oder stur durchgehalten hat. Auch dann nicht, wenn es schwierig für ihn wurde. Am Ball bleiben und sich einer Thematik stellen, ist ein Zeichen einer gereiften Persönlichkeit. Man kann nicht davon ausgehen, dass jeder diese Qualitäten von vornherein mit sich bringt. Diese Qualitäten, wenn man sie noch nicht entwickelt hat, kann man aber lernen.
Die Meditation hilft dabei. Sie hat den positiven Nebeneffekt, dass man in der Auseinandersetzung mit

den Themen wachsen und zu einer immer reiferen und erwachseneren Persönlichkeit kommen kann.

Ein letztes Beispiel

Wir möchten Ihnen ein drittes, sehr interessantes Beispiel, ebenso wie die Motivation zu dieser Meditation, vorstellen. Vorab müssen wir sagen, dass dies eine der erstaunlichsten Meditationen ist, die wir jemals kennen gelernt haben. Vorab sollten Sie wissen, dass der Meditierende die Meditation mit anderen Themen schon öfter sehr erfolgreich praktiziert hatte.

Person: Mann, 47 Jahre, im Sozialbereich tätig.
Die Meditation fand auf Wunsch des Meditierenden in Begleitung statt. Er wählte das Thema: „Essen und Trinken".
Der Bericht:
„Er ging in den Raum des Essens und Trinkens. Dort sah er sich und andere, an einer festlichen und voll gefüllten Tafel, mit edlem Geschirr, sitzen und schlemmen. Einerseits wurde ihm übel bei dieser Fülle und andererseits fühlte er sich, wie er sagte, unsagbar wohl mit all diesen aufgetischten Leckerbissen.

Der Verlauf der Meditation war vollkommen im Normalbereich, bis zu dem Zeitpunkt, an dem der Meditierende abrupt die Meditation beendete, den Begleiter enttäuscht ansah und sagte, er wolle aufhören zu meditieren, weil sich die Bilder und das Erleben nicht auflösen würden.
Der Begleiter staunte und fragte ihn, was denn seine Motivation zu dem von ihm gewählten Thema „Essen und Trinken" gewesen sei. Er gestand, er wolle jegliches Verhältnis zu Essen und Trinken auflösen. Er wolle Essen und Trinken überwinden, weil dies doch auch eine Art von Anhängen an der Materie wäre. Er wolle, und es sei durch eine australische Meisterin bewiesen, dass dies möglich und sogar nötig für die Entwicklung des Menschen sei, weder Essen noch Trinken zu sich nehmen und sich vollends vergeistigen, denn das sei die letztendliche Entwicklungsstufe eines Menschen. Diese wolle er erreichen."

Klar ist: Dieser Meditierende hat die Vorgabe des Weder - Noch, weder Eingreifen, noch eine Intention haben, noch etwas erreichen wollen/anstreben in der Meditation, nicht beachtet. Er hat mit einer sehr starken Motivation, mit einer festen Intention meditiert.

Unserer Erfahrung nach stockt eine Meditation, wenn ein Ziel / eine Motivation / eine Intention für die Meditation absolut kontraindiziert ist. Das ist ein immanenter Schutz der typisch für diese Meditation ist. Dieser Schutz des Meditierenden vor sich selbst ist offensichtlich notwendig.

Zusammenfassung:

Geben Sie sich das Thema eines Raumes vor. Achten Sie auf die neutrale Formulierung des Themas.
Achten Sie auf Ihre Motivations-, Ziel-, und Intentionslosigkeit.
Lernen Sie die Inhalte des Raumes kennen.
Akzeptieren Sie alle Inhalte.
Greifen Sie nicht willentlich ein.
Weichen Sie nicht willentlich aus.
Bleiben Sie im Geschehen (Nichtgeschehen).
Akzeptieren Sie, was geschieht.
Bleiben Sie wach und bewusst in Ihrem Erleben.
Bleiben Sie in der (nichtpolaren) Neutralität.

Hier noch einige hilfreiche Tipps:

Entwickeln Sie weder vor, noch während der Meditation Ideen vom Verlauf oder Ergebnis der Meditation.

Bauen Sie sich keine EGO Brücken wie in der Art: Jetzt versuche ich es mal auf diese, jene Art, oder: Jetzt wird es sich schon aus sich heraus tun.

Zwingen Sie sich nicht zur Meditation.

Achten Sie auf Ihr Ungestörtsein während der Meditation.

Die Meditation kann von einer Minute bis zu einer halben Stunde dauern. Begrenzen oder verlängern Sie Ihren Meditationszeitraum möglichst nicht willentlich.

Meditieren Sie nicht, wenn Sie hungrig oder durstig sind.

Meditieren Sie auch nicht mit übervollem Magen oder wenn Sie Alkohol getrunken haben.

Erwarten Sie keine konkreten Ergebnisse für Ihr tägliches Leben. (Sie treten ein oder auch nicht.)

Warten Sie nicht auf DIE Erleuchtung.

Erfahrung, Klärung und Lösung sollen das Ziel der Meditation sein.

Man kann (sich) nicht lösen, wenn man will, weil man sich dann an sein Wollen bindet.

Themen sind Aufgaben auf dem Weg zu sich selbst. Bei Probleme liegt es anders: Aus Lebensthemen werden Probleme, aus Problemen können Stolpersteine auf dem Weg zu sich selbst werden. Der einzige Weg sich seiner Probleme zu entledigen, ist sich ihnen zu stellen. Diese nahezu banale Wahrheit treibt all jenen Mitmenschen die Tränen in die Augen, die sich den Problemen, in der Hoffnung, sie würden sich von selbst erledigen, lieber doch nicht stellen.
Diese Wahrheit stimmt und sie stimmt noch mehr, als man auf den ersten Blick hin meint, denn Probleme entstehen meistens dann, wenn man die Aufgaben, die das Leben stellt, nicht annimmt und erledigt. Dann wird aus ganz normalen (Lebens-)Aufgaben das, was wir Probleme nennen.
Zudem, so meinen wir, hat jeder Mensch weitaus mehr Probleme, als ihm bewusst ist. Viele Probleme sind einfach „vergessen" und treiben ihr Unwesen in der Tiefe des Bewusstseins. Sie sind nach wie vor in ihren Auswirkungen, in einer Bandbreite, die von einem unspezifischen Unwohlsein, über psychosomatischen Störungen oder bis hin zum Suizid reichen kann, spürbar.
Wenn man DAS EINE oder „nur" sich selbst in seinem Sein (gleich wie man es nennen mag) erfahren

möchte, kommt man in Bewegung und kann dann erleben, wie die angesammelten Probleme sich zu Stolpersteinen auf dem Weg zu sich selbst entwickeln.
Sieht man oder stößt man auf dem Weg an einen Stolperstein, kann man das als Signal nehmen und den Stolperstein beseitigen.
So gehen Menschen damit um, die sehr motiviert sind, sich zu erfahren. Jedenfalls ist ihre Motivation, den Stolperstein zu beseitigen größer, als das Bedürfnis das Problem zu vergessen.
Andere Menschen versuchen an diesem Stolpersteinen (weiterhin) vorbei zu kommen, indem sie die Existenz dieses Hindernisses leugnen. Das ist menschlich nachvollziehbar, aber gänzlich nutzlos. Eine der Eigenarten eines solchen Stolpersteins ist, dass er, falls man ihn zu leugnen versucht, sich in kürzester Zeit zu einer Straßensperre entwickelt.
Gegen diese Straßensperre kann man dann anlaufen, ihr die Schuld geben, dass „man nicht weiter kommt", an ihr verzweifeln und ein riesiges Theater veranstalten, nur um sich nicht dem Thema, symbolisiert durch Stolperstein und Straßensperre, zu stellen und es erledigen zu müssen. (In einem solchen Falle könnte eine Therapie angebracht sein, da das Problem nicht in Selbsthilfe zu erledigen ist.)

Der Hintergrund ist die unabänderliche Gesetzmäßigkeit, dass niemand zu sich selbst kommt, der unehrlich ist. Und Leugnen ist bekanntermaßen eine Art der Unehrlichkeit.

Hier zwei weitere Arten mit einem Stolperstein umzugehen, es sind die häufigsten, die uns begegnen:
1. Über einen Stolperstein zu fallen und liegen zu bleiben.
Das sind die Menschen, die auf dem langen Weg zu sich selbst die Flinte ins Korn werfen und aufgeben.
2. Über einen Stolperstein fallen, liegen bleiben und sich selbst so weit hypnotisieren, dass man glaubt:
a) es hätte nie einen Stolperstein gegeben,
b) man hätte den Stolperstein überwunden,
c) man wäre weiter gegangen,
d) man wäre schon weit entwickelt (was das auch immer sein mag).

Wer oder was kann da helfen?
Vielleicht eine Therapie, vielleicht die Einsicht, dass man sich überschätzt hat, vielleicht die Erinnerung an die ursprüngliche Motivation, vielleicht das Eingeständnis, dass man versagt hat, einfach Urlaub machen, Sport oder Ehrlichkeit oder, oder, oder...

Eine allgemeine Empfehlung möchten wir in einem solchen Fall nicht abgeben.
Stolpersteine sind wahrscheinlich auf jedem Weg zu finden. Im Endeffekt kommt es darauf an, wie man mit ihnen umgeht.
In diesem Zusammenhang empfehlen wir einen Besuch im Raum: „Der Stand der Dinge“

Die Notfallmeditation

Die Notfallmeditation ist eine abgewandelte Form der Raummeditation.
Typische Stolpersteine auf dem Weg zu sich sind intensive Erlebnisse, die aus den unterschiedlichsten Gründen nicht angemessen verarbeitet wurden. Gerade für diese Fälle haben wir eine spezielle Notfallmeditation entwickelt.
Diese Meditation sollte dann angewandt werden, wenn, wie der Name schon sagt, ein Notfall eingetreten ist und dringender Bedarf der Klärung besteht. Ein Notfall besteht dann, wenn ein Mensch in Not / Nöten ist, wenn er Not hat.

Hinweis: Die Notfallmeditation sollte nur von Menschen angewandt werden, die in der „normalen" Raummeditation Erfahrung haben.
Der Notfall ist, wie der Name auch sagt, nicht der Normalfall. Ob ein Notfall eingetreten ist, hängt natürlich weitgehend von der subjektiven Entscheidung des Betroffenen ab.
Dennoch gibt es auch einige objektive Kriterien, die wir Ihnen hier mit an die Hand geben möchten. Es ist ein Unfall geschehen. Gleichgültig ob man direkt

oder „nur“ indirekt als Beobachter / Zeuge betroffen ist.
Es ist ein Schicksalsschlag eingetreten. Das kann der Tod eines nahestehenden Menschen, wie auch ein Lottogewinn sein. Das Schicksal, das Leben bekommt plötzlich „eine andere Farbe“ oder es nimmt plötzlich eine Wendung, auf die man nicht vorbereitet ist.

Es wurde eine Operation nötig. Dies ist zwar kein plötzliches Geschehen, wie ein Unfall oder ein Schicksalsschlag es sind, bringt aber, gleich wie notwendig und sanft die Operation auch gewesen sein mag, einen Schock mit sich. Selbst wenn der Eingriff unter Vollnarkose, d. h. unter Ausschluß des Bewusstseins vorgenommen wurde, muss man mit einem biologischen Schock rechnen. Der Schock bleibt, wenn man ihn nicht löst, bestehen. Gleich ob er dem Bewusstsein zugänglich ist oder nicht, er wirkt sich auf das Befinden im Allgemeinen hemmend und auf die Lebensenergie des Menschen manchmal überaktivierend aus.

Der Mensch hat starke Gefühle und Empfindungen wie Angst / Ängste / Enttäuschung / Trauer / Sucht / Wut / Zorn / Schock / Entsetzen / hysterisches La-

chen / Schmerzen zu verarbeiten oder wird immer wieder von solchen starken Gefühlen gepackt und gerüttelt.
Das sind einige Gründe für die Notfallmeditation, wenn keine Psychotherapie angezeigt ist.
Ebenso können chronische oder akute Krankheiten gute Gründe für das Ausüben der Notfallmeditation sein. Die Notfallmeditation kann bei einer „einfachen" Erkältung, bis hin zu einer chronischen oder potentiell tödlich endenden Krankheit, praktiziert werden.

An dieser Stelle nochmals ein Hinweis: Mit Hilfe dieser Meditationsform kann man starke Anbindungen an starke Erlebnisse lösen. Wenn es so ist, dass man eine Krankheit durch die Anbindung an diese produziert, unterstützt oder sogar am Leben hält, reduziert man die Krankheit auf ihren „natürlichen Gehalt" und kann dann damit rechnen, dass die Krankheit sich verändert, verschwindet oder dass man sogar gesund wird.
Dies wiederum muss kein angenehmer Prozess sein, weil man sich in dem Prozess den Inhalten der Anbindungen stellt. Handelt es sich bei einer Erkältung beispielsweise, um eine objektive Krankheit mit bio-

logischen Ursachen, wird sich im Krankheitsverlauf durch die Meditation nichts ändern. Die Krankheit kann jedoch vom Meditierenden leichter verkraftete werden. Besteht eine Anbindung, wie z. B. die Ablehnung einer Erkältung, dann kann es vorkommen, dass man schon während der Meditation in einen Genesungsschlaf hinübergleitet.
Handelt es sich um eine Krankheit, die wahrscheinlich und aller Erfahrung nach zum Tode führt, wird man in der Meditation Schritt für Schritt mit all den Themen konfrontiert, die mit Krankheit, Tod und Sterben zu tun haben. In einem solchen Fall gehen wir davon aus, dass man sich mit Hilfe dieser Meditation von den durch die Krankheit bedingten Sorgen, Nöten und Ängsten und den damit verbundenen Erlebnissen und Gefühlen lösen und einfacher und friedlicher sterben kann.

Die Notfallmeditation setzt man dann ein, wenn man in der „herkömmlichen" Raummeditation mit unterschiedlichen Themen ausreichend Erfahrungen hat und dem hohen Anspruch der Neutralität weitgehend gerecht wird.

Ebenso wie in der Raummeditation, die Sie bisher kennen gelernt haben, bestimmen Sie das Thema und damit den Inhalt und Umfang des Raumes. Bei der Notfallmeditation sollten Sie darauf achten, das Thema möglichst weit zu fassen.

Beispiel:
Angenommen, der Herr Meier hatte einen Unfall und wolle diesen in allen Aspekten, die ihm möglich sind, aufarbeiten. Wenn er die Vorgabe: „Raum des Unfalles vom 12. 1. um 19.00 Uhr“, vorgibt, dann wird er zum Zeitpunkt des Unfalls im Raum ankommen.
Das kann die Absicht sein, wenn Herr Meier genau das, aus welchen Gründen auch immer, herausfiltern möchte, was zu diesem Zeitpunkt geschah. Doch sind nicht die Folgen, wie beispielsweise die folgende rasante Fahrt im Notfallwagen, Behandlung im Krankenhaus, die Narkose, das Erwachen aus der Narkose und was da alles noch geschehen sein mag, mit im Raum enthalten.
Die Regel ist: Mit der Vorgabe bestimmt der Meditierende den Umfang und die Inhalte des Raumes.
Falls Herr Meier den gesamten Unfall in einem Raum haben möchte, bietet sich folgende einfache Vorge-

hensweise an: Er konzentriert sich mental und emotional auf den Unfall und auf alles, was mit dem Unfall zusammenhängt und was durch den Unfall ausgelöst wurde.
Er gibt die innerlich, verbal ausgesprochen Vorgabe: Der Unfall.

Im Gegensatz zur „herkömmlichen" Raummeditation, in der man sich bewusst und langsam in den Raum hineinbegibt oder in ihn hinein geht, lässt man sich bei der Notfallmeditation rückwärts in den so entstehenden Raum hineinfallen.

Sich „rückwärts in den Raum hineinfallen zu lassen", verlangt ein gewisses Maß an Mut und Vertrauen. Erfahrungsgemäß braucht man auch genau diesen Mut, um sich den Inhalten und Zusammenhängen zu stellen, die mit Krankheit, Schock, Operationen oder Unfällen im Zusammenhang stehen. Der Vorteil dieser Vorgehensweise ist der, dass man „in medias res" direkt zur Sache kommt und sich nicht durch die oft unscheinbaren, aber sehr wirksamen Abwehrmechanismen hindurch arbeiten muss.
Hieraus ergibt sich ein weiterer Vorteil der Notfallmeditation. Wenn „Not am Mann" ist, kann man mit

dieser Technik direkt, zeitsparend und zielgenau an den Ort des Geschehens kommen. Die auf diese Art herbeigeführte Begegnung mit den inneren Realitäten, kann emotional sehr beeindruckend sein. Das sollte jeder wissen, der die Notfallmeditation initiiert.

Eine einfache Meditation

Es ist ein weiter Weg bis zu sich selbst (zurück), das ist ausreichend bekannt. Mittel und Wege werden viele angeboten, verantwortliche, halbherzige, unverantwortliche und natürlich auch solche, die in die Irre führen. Auch dem Letzteren kann ich etwas abgewinnen, kann es doch zur Erkenntnis der Selbstverantwortlichkeit führen. Denn das was man tut, tut man selbst, auch sich von anderen inspirieren lassen und auch auf andere hören und das tun, was sie sagen und empfehlen.

Es gibt Lehren die behaupten, dass Zeit unwesentlich wäre... Doch wer zielgerichtet, mit Interesse und Liebe die persönliche Entwicklung angeht, möchte auch „in diesem Leben" - ohne zu hetzen - zu Ergebnissen kommen.

Wir meinen, um ganz zu sich zu kommen, ist ein Zusammenwirken der hier empfohlenen Meditationstechniken mit den unterschiedlichen Zugängen unserer Inkarnationsarbeit (Reinkarnationstherapie) hilfreich und zielführend.

Wer mehr über unsere Inkarnationsarbeit wissen möchte, hier ist die Literatur dazu: reinkarnationstherapie-online.de

Meditation ist eine Tätigkeit und kein „einfach so“ vor sich hin und her dösen.

Eine leere Wand anzuschauen mag sinnvoll sein, wenn man sie mit etwas behängen will oder wenn man sich (z. B. über Jahre hinweg) seine Unzulänglichkeit gegenüber tiefsten Weisheiten beweisen will. Doch was soll´s? Muss man nicht machen, kann man machen. Man erntet mit Sicherheit das, was man säht und das sollte sorgfältig überlegt sein. Nur mit gutem Material und Werkzeug, so weiß jeder Handwerker, hat man die ungefähre Garantie, dass das Werk gelingt.

Man sollte wissen, dass es grundsätzlich drei Arten von Meditation gibt. Die aufbauende, die abbauende und die neutrale Meditation. Das entspricht den drei Urprinzipien, dem aufbauenden Prinzip, dem neutralen und dem lösenden Prinzip des Universums. Kein Prinzip ist aus sich heraus positiv oder negativ, gut oder schlecht. Es kommt ausschließlich darauf an, was im (Lebens-) Zusammenhang sinnvoll ist und zu welchem Ergebnis man kommen möchte.

Zum Training und zur Einführung in Meditation empfehle ich eine technisch sehr einfache Konzentrationsübung, die von Vielen schon für Meditation gehalten wird:

„Entspanne die Füße und Beine bewusst, lasse die Schultern los, die Augen können offen oder geschlossen sein, so wie es Dir angenehm ist.
1. Durch die Nase tief ausatmen.
2. Füße, Beine, Schultern entspannt lassen!
3. Durch die Nase tief einatmen, möglichst soweit, bis die Atembewegung zum Becken oder sogar zum Beckenboden gelangt.
4. Füße, Beine, Schultern entspannt lassen!
5. Durch die Nase tief ausatmen.
6. Füße, Beine, Schultern entspannt lassen.
7. Durch die Nase tief einatmen, möglichst soweit bis die Atembewegung zum Becken oder sogar zum Beckenboden gelangt.
8. Füße, Beine, Schultern entspannt lassen.
9. Wiederhole die Atmung rund 10 Mal."

Empfehlung: Täglich zur gleichen Zeit, über mehrere Wochen üben oder einfach nach Belieben.

Man kann die Übung erweitern: „Folge bewusst Deinem Atem."

Nach einiger Zeit, das können Tage oder Wochen sein, fließt die Atmung wahrscheinlich wie von selbst. Trotzdem bewusst bleiben und bewusst atmen. Finde den Atemrhythmus der Dir gut tut.
Der Rhythmus kann sich immer wieder ändern.
Diese einfachste Technik führt aller Wahrscheinlichkeit nach zum Abbau der Unruhe des Geistes und des Körpers und zu einer eindeutig verbesserten Konzentrationsfähigkeit.
Diese Meditation ist eine Konzentrationsübung. Sie kann neben der beabsichtigten Verbesserung der Konzentrationsfähigkeit auch weitere positive Nebenwirkungen zeigen, wie eine Verbesserung des Atemflusses, Harmonisierung der Darmtätigkeit, Verbesserung der Erlebnisfähigkeit, mehr und dauerhafter „bei sich sein können".

Hinweis: Diese Übung halten wir für „nervöse" Menschen (ADHS) nur für bedingt geeignet, weil sie sich dabei zur Ruhe und Konzentration zwingen müssen, anstatt ihren Weg, den der Abreaktion und des Ausagierens zu gehen.

Viele Menschen meinen sie würden meditieren, wenn sie sich entspannen und dabei Gedanken, Gefühle und Empfindungen agieren und vorbeiziehen lassen.
Es gibt sicherlich in unserer fordernden Welt empfehlenswerte Entspannungstechniken, sie weisen auf Meditation hin, sind jedoch selbst keine, jedenfalls nicht nach unserer Auffassung. Wir müssen manchmal an uns halten, um nicht zu lachen, wenn wir hören, was man alles so für Meditation, die dann auch noch der „Goldene Weg zur Erleuchtung" sein soll, hält.
Meditation ist dies…, jenes…, das…
Meditation hilft bei…
und führt zu…
Meditation ist der Weg selbst…
Meditation reduziert nachweislich…
Das mag alles irgendwie stimmen und gut für den Menschen und seine Nerven sein. Aber es sind Aussagen, die so mit Sicherheit nicht haltbar sind, denn es gibt nicht DIE Meditation schlechthin, wie wir hier noch einmal betonen möchten.
Bei Lichte betrachtet handelt es sich bei vielen empfohlenen Meditationstechniken um sozial angesehene Formen des Dösens. Doch: Bei Hardcoremeditieren-

den ist auch das Dösen eine Form der Meditation! Nun gut, Meditation als solche gibt es nicht. Jede Meditation hat ihre Form, ihre Möglichkeiten und ihren Zweck, Punktum.

Die Lichtmeditation

Hier ist eine weitere, technisch einfach zu praktizierende Meditation, die das Lösen konkreter Anbindungen über den Weg der Erkenntnis unterstützt.

Setze Dich bequem auf einen Stuhl, die Wirbelsäule ist aufgerichtet, die Füße stehen fest auf dem Boden. Atme ruhig und tief ein und aus, lasse Deine Gedanken zur Ruhe gekommen und folge der Vorgabe:
„Sieh Dich im Licht.
Sieh Dich im Licht und zwar innerlich wie äußerlich.
Sieh in Dir und um Dich herum Licht."

Du kannst Dich dabei wie ein Gegenüber in einem Abstand von 2-3 Metern sehen oder direkt, dort wo Du gerade sitzt.
Es kann auch sein, dass Du zu Beginn der Meditation ein Bild im Außen siehst und dieses Bild später in Dich übergeht. Sei wach, strenge Dich nicht an, um Dich im Licht zu sehen.
Atme bewusst. Atme leicht, lasse Dich leicht und entspannt darauf ein.
Sieh Dich so lange im Licht, wie es Dir angenehm ist oder wie Du es möchtest.

Diese Meditation hat den Vorteil, dass man sie mit ein wenig Übung nicht nur sitzend ausführen kann, sondern auch im Gehen, Stehen, Liegen.
Siehe zu dieser Meditation auch: https://www.facebook.com/1000Helferlein
Mit dieser „Sicht im Licht“ gewinnt man einerseits auf einfache Art und Weise Erkenntnisse über sich, die sonst im Verborgenen blieben. Zudem wird man sich seiner „Inhalte“ bewusster. Man trainiert sich in seiner Gesamtheit, als Ganzes bewusster wahrzunehmen. Man kann entdecken, ... doch was soll ich das hier alles erzählen oder auch nur andeuten?
Selbst ist der Mann, selbst ist die Frau.
Nur einen Sinn und Zweck dieser Meditation und zwar jenen, den ich für den Wichtigen halte, erwähne ich noch.
Mit der Zeit wird das körperliche Dasein bewusster, angstfreier, entspannter und einfacher. Durch die Entspannung und die zugleich sich verstärkende Zunahme von „Daseinsbewusstheit“, werden alle Energiestrukturen und abgespeicherten Informationen im Körper einfacher zugänglich, abrufbar und erlebbar. Das gilt unsererseits als das wichtigste und im Zusammenhang mit dieser Mediation erstrebenswerte Ziel.

Ich suche mich

Wir möchten Ihnen noch eine weitere, radikale, sanfte und zugleich fordernde Meditation vorstellen. Bei dieser Meditation ist es sinnvoll sich für die ersten „Sitzungen“ in einen ruhigen Raum, in dem man ungestört sein kann, zurückzuziehen.

Das sind die Grundbedingungen dieser Meditation:

- wach bleiben
- bewusst atmen
- bewusst wahrnehmen
- verstehen ohne daran festzuhalten
- neutral sein

Die Ich-Meditation

Setze Dich bequem auf einen Stuhl, die Wirbelsäule ist aufgerichtet, die Füße stehen fest auf dem Boden. Atme ruhig und tief ein und aus, lasse Deine Gedanken zur Ruhe gekommen und folge der Vorgabe mit der Intention und Absicht Dich zu finden.

Sie lautet:

„Ich suche mein Ich.“

Es ist klar, niemand kann auf diese Art und Weise sein Ich finden. Das fällt schon bei der Analyse der

Vorgabe auf. Doch man hat durch diese Vorgabe die Garantie, dass sich alles das meldet, was sich für „Ich" ausgibt, bzw. so meldet sich alles, was ich für mich halte oder was mir klar machen will, das es Ich ist. Das ist eine ideale Meditation für Menschen, die sich selbst auf die Spur kommen wollen, Geduld haben, belastbar und klug sind und letztendlich über sich hinaus wachsen wollen.
Wie gesagt, zunächst ist es ratsam in einem ruhigen Ambiente zu meditieren. Mit der Zeit wird man jedoch fähig werden, diese doch etwas anspruchsvolle Meditation, in fast jeder Lebenssituation zu praktizieren.
Mit dieser Meditationstrategie lockern Sie Ihr Verhältnis zu Ihren Täuschungen über sich selbst. Sie schaffen ein Klima der Erkenntnis über die Verwandlungen und Vielgesichtigkeit Ihrer Täuschungen, und werden von Mal zu Mal klüger und sind deswegen weniger (von sich selbst) täuschbar.
Das wirkliche Ich ist im Endeffekt bedeutend stärker, als alle Täuschungen.
Was das ist, das (wirkliche) ICH, können wir schon vorab sagen: Es ist der Beobachter. Wir können es hier verraten, weil es trotzdem ein Geheimnis ist und bleibt.

Was (nicht wer!) der Beobachter ist, erschließt sich erst dann, wenn der Meditierende sich nicht mehr täuschen lässt.
Diese Erfahrung löst die Erinnerung an die EINE Existenz aus.
Eine Existenz außerhalb jeglicher Anbindungen, Muster und Inkarnationen.

Und damit kommen wir zum Schluss noch einmal zum Thema Meditation und Inkarnationen / Reinkarnationstherapie. Wir sind der Ansicht, dass ein Weg alleine, Meditation oder Inkarnationsarbeit, sehr sinnvoll und jeweils absolut empfehlenswert ist. Jedoch den einen Weg mit Hilfe des anderen Wegs zu gehen, wird erst richtig gangbar. Meditation schafft ein allgemein förderliches Klima in der Auseinandersetzung mit sich selbst. Die konkrete Inkarnationsarbeit löst die konkreten Anbindungen an die individuell vorhandenen Persönlichkeitsmuster.

Der Autor

Wilfried Teschler: Ich bin 1949 im Rheinland geboren und lebe heute wieder hier (oder dort, je nachdem). 1982 habe ich mein erstes Buch zum Thema Körperarbeit veröffentlicht, mittlerweile sind zahlreiche Bücher hinzugekommen, sowie tausende Seminare und viele Ausbildungen, in denen ich mein körpertherapeutisches Wissen unterrichtet habe. Ich bin mit Leib und Seele Seminarleiter und Autor.

Teschler-Quintessenz, zu der auch die Reinkarnationstherapie gehört, ist die Quintessenz meines über 30jährigen Schaffens. Hier kommen die wichtigsten, den Menschen prägenden Themen und Inhalte zusammen und auf den Punkt.

Kontakte / Links

Frauke & Wilfried Teschler
Seminarhaus Burg Dalbenden
Burg Dalbenden 0
53925 Kall-Urft
Fon: 02441/7716490
Fax: 02441/7716495

Wir sind im Internet in den verschiedensten Formen zu erreichen:
seminarhaus-burg-dalbenden.de
reinkarnationstherapie-online.de
polarity-verlag.de

Besuchen Sie uns auch auf Facebook, hier betreiben wir eine Seite, mit Tipps, Tricks & Meditationen für ein erfolgreiches Leben.
facebook.com/groups/1000helferlein/

Wir führen Onlineseminare und Onlinevorträge zu den Themen Meditation und Inkarnation durch. Bei Interesse informieren Sie sich gern auf unseren Internetseiten.

Weitere Kontaktmöglichkeiten:

Wilfried Teschler:
info@reinkarnationstherapie-online.de
Skype: wilfried.teschler
facebook.com/wilfried.teschler/

Frauke Teschler:
mail@reinkarnationstherapie-online.de
Skype: frauke.teschler
facebook.com/frauke.teschler/

Mehr Bücher und Videos zum Thema Meditation /Reinkarnation/Inkarnation finden Sie auf unseren Seiten im Internet. Das Angebot wird ständig erweitert.

Der ewige Mensch -
Reinkarnation aus neuer Sicht
Wilfried & Frauke Teschler
Ein Buch voll mit Berichten, Geschichten, Theorie und praktischen Übungen, rund um das große Thema Reinkarnation
Preis: 15,80€
142 Seiten, 1 Abbildung
ISBN: 978-3-939578-44-4

Teschler Tarot
Wilfried Teschler
Ein ganz neues Konzept für ein neues Tarot. Die Informationen kommen ungefiltert und deswegen schnell, eindeutig und klar. Der Grund: Das Tarot funktioniert ganz ohne Symbole.
Preis: 29,00€
ISBN: 978-3-939578-40-6

Die Polarity Chakratherapie
Die ganze Heilkraft der Chakren
Frauke Teschler
Setzen Sie sich mit den Chakren auseinander, lernen Sie wunderbare Übungen zur Regulierung der Chakraenergie kennen
Preis: 12,80€
80 Seiten, 15 Abbildungen
ISBN: 978-3-939578-24-6

Die Bücher und Materialien des Polarity Verlags erhalten Sie im Internet unter:
www.polarity-verlag.de
oder im Buchhandel